AF549603

Britta Seger

Was ist mit Tom?

Geschichten zur Aufklärung über Autismus
(Aspergersyndrom)
in Kindergarten und Grundschule

Illustrationen von
Anika Wilms

VON LOEPER LITERATURVERLAG

Bibliographische Information der Deutschen Bibliothek:
Die Deutsche Bibliothek verzeichnet diese Publikation in der Deutschen Nationalbibliographie; detaillierte bibliographische Daten sind im Internet unter http://dnb.ddb.de abrufbar.

Gehen Sie uns „ins Netz"!
Besuchen Sie uns im Internet unter www.vonLoeper.de
Gerne senden wir Ihnen kostenlos ausführliche Informationen zu unserem Verlagsprogramm zu und informieren Sie regelmäßig über wichtige Neuerscheinungen zum Thema (Adresse siehe unten).

Wichtiger Hinweis:
Ausführliche Zusatzinformationen zu diesem Buch, Hinweise zu der Autorin, wichtige Links und weiteres Bonus-Material finden Sie im Internet unter
www.vonLoeper.de/Autismus

Originalausgabe
6.Auflage 2025 -5H-0125-bb
© 2014-2025 by von Loeper Literaturverlag
im Ariadne Buchdienst, Karlsruhe

Alle Teile dieses Buches dürfen ohne ausdrückliche schriftliche Genehmigung weder mechanisch, elektronisch oder fotografisch vervielfältigt oder in elektronischen Systemen oder Kommunikationsmitteln eingespeichert werden. Dies gilt insbesondere für Fotokopien, Auszüge für Lehrmaterialien, Nachdrucke, Speicherungen auf CD-ROM oder anderen Trägern und Speicherung oder Veröffentlichung im Internet.

Gesamtherstellung und Vertrieb:
Ariadne Buchdienst,
Daimlerstr. 23, 76185 Karlsruhe
Tel. (0721) 46 47 29 0
Fax (0721) 46 47 29 99
E-Mail: Info@vonLoeper.de
Internet: www.vonLoeper.de

ISBN 978-3-86059-274-8

Autismus: Ein Thema für den Unterricht

Liebe Erzieher/innen,
Lehrer/innen und Eltern,

wenn man eines über den Autismus sagen kann, dann wohl, dass es keinen „typischen" Autismus gibt. Eine Störung aus dem Autismus-Spektrum zeigt sich in unterschiedlichsten Varianten. Dieses Buch soll eine Hilfe sein, den „Asperger-Autismus" zu thematisieren und zu erklären. Einige wesentliche Merkmale wurden darum in Form einer Bilderbuchgeschichte verarbeitet, die Sie mit Ihrer Klasse oder Gruppe lesen können.

Der Asperger-Autismus zeigt sich im Wesentlichen durch eine Beeinträchtigung im emotionalen Bereich, was sich in besonderer Weise auf die soziale Interaktion sowie das Kommunikationsverhalten auswirkt. In der Folge dieser Störung ist ein Kind darauf angewiesen, eine an seine Bedürfnisse angepasste Umwelt vorzufinden, um Lernchancen wahrnehmen zu können. Da diese Form des Autismus auch in nur sehr leicht ausgeprägter Form vorkommen kann, ist es manchmal sehr schwer und langwierig die Störung überhaupt festzustellen. Hierzu gibt es verschiedene Informationsmaterialien und (diagnostische) Einrichtungen, die sich auf Autismus spezialisiert haben. Bitte nutzen Sie immer die Möglichkeit sich kompetent beraten zu lassen, denn der Umgang mit autistischen Kindern kann durch gezielte Maßnahmen und Hilfen erleichtert werden.

Hilfreich ist in jedem Falle auch ein gewisses Verständnis für die Gesamtsituation und die Bereitschaft anderer, das Umfeld passend mitzugestalten. Nur so kann einem Kind mit Autismus eine angemessene und sinnvolle Hilfestellung ermöglicht werden.

Mit diesem Buch soll ein erster Kontakt mit dem Thema Autismus hergestellt werden, daher richtet es sich vor allem an Lehrer/innen, Erzieher/innen und Eltern, die mit betroffenen Kindern zu tun haben.

Zur Handhabung des Buches

Sollten Sie dieses Buch verwenden, um Ihre Gruppe/Klasse im Hinblick auf ein betroffenes Kind aufzuklären, finden Sie auf den folgenden Seiten Anregungen und Informationen, die in der Nachbesprechung mit ihrer Gruppe verwendet werden können. Versuchen Sie immer den konkreten Bezug zu ihrer Situation herzustellen. Das Kind, um das es bei Ihnen geht, zeigt vielleicht ganz andere Merkmale der Behinderung als Tom, der in diesem Buch beschrieben wird.

Bedenken Sie auch, dass Autismus manchmal gar nicht greifbar ist, die Betroffenen wirken zunächst ganz normal. Die Störung zeigt sich vielleicht nur durch ein „merkwürdiges" Kommunikationsverhalten bei einer ansonsten normal wirkenden Entwicklung. Aber auch hier ergeben sich Schwierigkeiten in der Kommunikation und dem sozialen Miteinander, weil das „ungewöhnliche" Verhalten vielleicht nicht den allgemeinen Erwartungen entspricht und zu Fehldeutungen („Unhöflichkeit!") führen kann.

Aufbau dieses Buches

Das Buch startet mit der Bilderbuchgeschichte von Tom, einem Kind mit einer Störung aus dem Autismus-Spektrum. Es empfiehlt sich vor der Arbeit mit der Gruppe zunächst den Text zu lesen und die dazugehörigen Anmerkungen und Informationen aus dem zweiten Kapitel „Die Buchbesprechung" durchzuarbeiten. Die Buchbesprechung gibt mögliche Erklärungen und Hintergrundinformationen für die in der Geschichte behandelten Symptome und Situationen. Berücksichtigen Sie bitte die individuelle Ausdrucksform dieser Störung, die vielleicht bei Ihrem Kind oder Schüler vorliegt. Die Einleitung in die Geschichte kann über das freie Schreiben zu den Bildern geschehen (hierzu können die Bilder auf OVH-Folien gedruckt werden) oder mit einer der Geschichten selbst starten. Die Bilderbuchgeschichte greift zwar einige oft vorkommende Symptome auf, soll aber nicht zu einer Stigmatisierung führen, sondern die Auseinandersetzung mit der Thematik anregen.

Die zweite Geschichte von Tom befasst sich mit verschiedenen Therapieformen. Kinder wachsen heutzutage mit einem ganz anderen Verständnis über Behandlungen auf und werden schon früh mit verschiedensten Therapieformen konfrontiert. Zu jeder erklärten Therapieform gibt es daher auch eine kleine Übung zum Nachmachen.

Das vierte Kapitel stellt eine Informationsquelle über Autismus im Allgemeinen sowie dem Asperger-Autismus im Speziellen dar. Autismus wird noch erforscht, aber es gibt schon Leitlinien und Klassifizierungen aus dem medizinischen und therapeutischen Bereich, die auch für Ihre Arbeit interessant sein könnten.

Als wichtigste Anlaufstelle zum Thema Autismus habe ich den Bundesverband „autismus Deutschland e.V." benannt.

Das Buch schließt ab mit einem Nachwort.

Danksagung

Ich bedanke mich bei Andrea Steeger, Harald Matoni, Michael Seger und Christian Frese für das Feedback und die Anregungen, die zur Entstehung des Buches beigetragen haben.

Besonderer Dank auch an Anika Wilms für die tollen Illustrationen.

Viel Freude mit diesem Buch.

Inhalt

1. Was ist mit Tom?

Als Lisa heute in den Kindergarten kommt, fällt ihr sofort etwas auf.

In ihrem Gruppenraum steht ein Junge, den sie noch nie vorher gesehen hat. Er kommt Lisa gleich etwas seltsam vor, denn er schüttelt immerzu seine Hände.

Und als Lisa in seine Nähe kommt,
geht er einfach weg.

Anne, die Erzieherin, erzählt im Morgenkreis,
dass der Junge Tom heißt und fünf
Jahre alt ist. Tom sitzt in der Ecke auf
dem Boden und sortiert seine Stifte.

Er schaut nicht einmal auf, als
ihn alle Kinder begrüßen.

Auch in den kommenden Wochen sitzt Tom in der Ecke, er spielt mit keinem Kind.

Und wenn Anne versucht, ihn in den Morgenkreis zu holen, fängt Tom an zu schreien: „NEIN! NEIN! NEIN! NEIN!" Manchmal versucht er sogar wegzulaufen.

An einem Morgen erklärt Anne, dass Tom „Autismus" hat. „Ihr habt ja schon gemerkt, dass Tom anders ist", sagt sie. „Autismus bedeutet, dass Tom Schwierigkeiten hat, mit uns zu spielen und zu sprechen. Eigentlich kann er sprechen, aber es fällt ihm schwer, auf uns zuzugehen und mit uns zu reden."

Lisa berichtet, wie sie Tom letzte Woche nach dem Spielen draußen mit zum Frühstück in den Gruppenraum nehmen wollte. Tom drehte sich immer wieder vor Lisas Hand weg und machte komische Geräusche. Dabei wollte sie ihm ja nur helfen.

Anne erklärt ihnen, dass Tom sich nicht gerne anfassen lässt.

Einige Tage später kommt Tom nicht mehr alleine in den Kindergarten, er hat Marie mit dabei. Sie ist so etwas wie eine Speziallehrerin, die sich nur um ihn kümmert.

Und dann verändert sich vieles. Als erstes bekommt Tom nun einen festen Platz am Tisch. Marie sagt, das sei wichtig, damit er sich wohl fühlen kann.

Niemand anders darf deswegen auf seinem Stuhl sitzen.

1
2
ERST
DANN
3
ERST
DANN

Tom lernt auch von Marie „Guten Morgen“ zu allen zu sagen und sie fordert ihn immer wieder auf, jeden dabei anzusehen.

Guten Morgen

Das macht Tom nämlich oft nicht und das führt leider auch dazu, dass er nur schwer mit anderen ins Spiel kommt. Marie sorgt darum auch dafür, dass Tom beim Fußball mitmachen kann.

Als eines Morgens neue Gruppen für ein Fußballspiel gebildet werden sollen, erzählt Leon, wie er im Spiel immer wieder Streit mit Tom bekommt. Tom will beim Fußballspielen den Ball nicht abgeben oder er reagiert gar nicht auf Zurufen.

Das ärgert viele Kinder.

Leon denkt, dass sie deswegen oft verlieren und ist wütend auf Tom. Am liebsten möchte er gar nicht mehr, dass Tom mitspielen darf.

Anne ist traurig, als sie das hört. Sie sagt, dass Tom das nicht mit Absicht macht und bittet alle Kinder, immer zu ihr oder zu Marie zu kommen, wenn so etwas passiert.

Jeden Tag liest Marie nun eine Geschichte vor. Die meisten handeln von Gefühlen. Mit anderen Kindern zusammen besprechen Tom und Marie, wann man wütend sein könnte und was jemanden traurig macht. Auch über das Fußballspiel wird oft gesprochen.

Dazu üben alle, wie das Gesicht dann aussieht und wie man die Situation verändern könnte. Das macht allen Kindern Spaß.

Eines Morgens stellt Marie auch Toms Stuhl mit in den Morgenkreis. Sie nimmt ihn an die Hand und bringt ihn an seinen Platz.

„Guten Morgen, liebe Kinder“,
sagt Anne zu allen.

„Guten Morgen, Anne“, sagen
die Kinder im Chor.

Tom sagt nichts, aber heute bleibt er
zum ersten Mal sitzen und schaut sich
mit den anderen Kindern zusammen
das Bilderbuch an, das Anne vorliest.

2. Die Buchbesprechung in der Gruppe

Als Lisa heute in den Kindergarten kommt, fällt ihr sofort etwas auf. In ihrem Gruppenraum steht ein Junge, den sie noch nie vorher gesehen hat. Er kommt Lisa gleich etwas seltsam vor, **denn er schüttelt immerzu seine Hände.**

Das Händeschütteln kann man häufig bei autistischen Kindern beobachten, vor allem wenn ein innerer Spannungsaufbau stattfindet (z.B. durch Veränderungen in der Umwelt oder wenn etwas nicht erlaubt wird). Man geht davon aus, dass sich das Kind dadurch eine innere Sicherheit verschafft.

Und als Lisa **in seine Nähe kommt, geht er einfach weg.**

Viele Autisten meiden Nähe zu anderen und wenden sich dann aktiv ab.

Anne, die Erzieherin, erzählt im Morgenkreis, dass der Junge Tom heißt und fünf Jahre alt ist. **Tom sitzt in der Ecke auf dem Boden und sortiert seine Stifte.**

Das Stifte-Sortieren kann Ausdruck eines Zwanges sein (symmetrisches Anordnen). Zwänge können ganz normal als Übergangsphase in der Entwicklung von Kindern auftreten. Sie können sich jedoch auch zu einer Störung entwickeln, die den Betreffenden in seiner gesamten Alltagsbewältigung beeinträchtigen.

So kann der Betroffene beispielsweise diese Handlung nicht willentlich unterbrechen oder vorzeitig beenden. Als Folge können Fehlinterpretationen, wie z. B. das Kind wolle nicht kommen, die Situation zusätzlich belasten. Diese und andere Störungen gehören nicht unmittelbar zum Autismus, können aber zusätzlich auftreten.

Autistische Kinder fühlen sich durch Ansprache oder auch nonverbale Aufforderungen nicht unbedingt angesprochen. Für sie ist es schwierig, wichtige von unwichtigen Reizen zu unterscheiden. Daher sollten sie eine reizarme Umgebung haben.

Er schaut nicht einmal auf, als ihn alle Kinder begrüßen.

Die unterschwellige Kommunikation kann beeinträchtigt sein und sorgt dafür, dass z. B. gereichte Gegenstände erst nach verbaler Aufforderung auch angenommen werden. (Hier ist eine eindeutige, kurze Formulierung am wirkungsvollsten.)

Das Spielverhalten kann folgendermaßen beeinträchtigt sein:

Auch in den kommenden Wochen sitzt Tom in der Ecke, **er spielt mit keinem Kind.**

- Mangel an Fantasie (Spielideen entwickeln, so tun als ob)
- Mangelnde soziale Interaktion (Ideen mit anderen zusammen entwickeln, abgeben und teilen, auf andere zugehen, Verstehen von Aufforderungen und Appellen)

- Sprachliche Probleme (z. B. die Motivation zu sprechen, „Erwachsenensprache", die Gleichaltrige nicht anspricht und teilweise sehr abstrakt wirkt)

Und wenn Anne versucht, ihn in den Morgenkreis zu holen, fängt Tom an zu **schreien: „NEIN! NEIN! NEIN! NEIN!" Manchmal versucht er sogar wegzulaufen.**

Autistische Kinder können zu teilweise extremen Wutausbrüche neigen, wenn sie z. B. Tätigkeiten unterbrechen müssen oder Veränderungen im Ablauf erleben (z. B. wenn der Morgenkreis fünf Minuten eher beginnt). Ein solches Kind könnte mit diesen Gegebenheiten überfordert sein und sich unberechenbar verhalten. Fehlinterpretationen, wie „er möchte nur im Mittelpunkt stehen" oder „er will nur, dass wir uns alle nach ihm richten" verstärken die sowieso schon emotional geladene Situation ungünstig.

An einem Morgen erklärt Anne, dass Tom „Autismus" hat. „Ihr habt ja schon gemerkt, dass Tom anders ist", sagt sie. „Autismus bedeutet, dass Tom Schwierigkeiten hat, mit uns zu spielen und zu sprechen. **Eigentlich kann er sprechen, aber es fällt ihm schwer, auf uns zuzugehen und mit uns zu reden."**

Beim Autismus ist das Freispiel und „Tun-als-ob" (sich in andere Menschen oder Situationen hineinzuversetzen) beeinträchtigt.

Sich gezielt an Menschen zu richten und die verbale oder nonverbale Kommunikation zu nutzen, um sich mitzuteilen, gehört zu den Einschränkungen bei Autismus. Auch sprechende Autisten können hier sehr missverständlich wirken, weil sie nicht situationsangemessen antworten oder unbeteiligt wirken, wenn sie etwas erzählen, was beispielsweise Mitgefühl erwarten lässt.

Auch das Wiederholen von Geräuschen kann der Selbststimulation und damit der Eigenwahrnehmung dienen. Neben verbalen Äußerungen sind auch sich wiederholende Bewegungen denkbar.

Lisa berichtet, wie sie Tom letzte Woche nach dem Spielen draußen mit zum Frühstück in den Gruppenraum nehmen wollte. Tom drehte sich immer wieder vor Lisas Hand weg und machte **komische Geräusche.** Dabei wollte sie ihm ja nur helfen. Anne erklärt ihnen, dass Tom sich nicht gerne anfassen lässt.

Autistische Kinder haben Anspruch auf verschiedenste Hilfen. Im Fall von Tom wurde eine Integrationshilfe eingestellt. Marie ist nur und ausschließlich für Tom da und hilft bei der Bewältigung des Alltages. Sie kann gezielte Trainings und Förderungen durchführen, die eine Gruppenleitung oder Zweitkraft nicht leisten könnte.

Einige Tage später kommt Tom nicht mehr alleine in den Kindergarten, er hat **Marie** mit dabei. Sie ist so etwas wie eine Speziallehrerin, die sich nur um ihn kümmert.

Feste Strukturen und eine geordnete Umgebung erleichtern autistischen Kindern die Orientierung in der Gruppe und der Situation.

Und dann verändert sich vieles. Als erstes bekommt Tom nun einen **festen Platz** am Tisch. Marie sagt, das sei wichtig, damit er sich wohl fühlen kann.

Tom bekommt einen persönlichen Schutzraum – seinen Platz!

Niemand anders darf deswegen auf seinem Stuhl sitzen.

Tom lernt auch von Marie **„Guten Morgen" zu allen zu sagen** und sie fordert ihn immer wieder auf, **jeden dabei anzusehen.** Das macht Tom nämlich oft nicht und das führt leider auch dazu, dass er nur schwer mit anderen ins Spiel kommt. Marie sorgt darum auch dafür, **dass Tom beim Fußball mitmachen kann.**

Training: gerichtete Kommunikation
Training: Erlernen nonverbaler Umgangsformen
Training: soziale Fähigkeiten

Als eines Morgens neue Gruppen für ein Fußballspiel gebildet werden sollen, erzählt Leon, wie er im Spiel immer wieder Streit mit Tom bekommt. Tom will beim Fußballspielen **den Ball nicht abgeben oder er reagiert gar nicht auf Zurufen.** Das ärgert viele Kinder.

Die Wahrnehmung von sich und anderen ist sehr wichtig in Mannschaftsspielen. Man muss sich als Teil der Gruppe erleben können, um gut im Kontakt zu stehen und eine Interaktion im Spiel angehen zu können.

Leon denkt, dass sie deswegen oft verlieren und ist wütend auf Tom. Am liebsten möchte er gar nicht mehr, dass Tom mitspielen darf.

Für andere Kinder ist es oft nicht nachvollziehbar, warum ein autistisches Kind sich im Spiel nicht „normal" verhält. Sie sind überfordert, solche Situationen selbst zu lösen. Oft ist gar nicht klar, was genau das Problem ist (weil es meist im nicht-sprachlichen Bereich liegt, wie z. B. fehlende Reaktion auf Aufforderungen). Solche Konflikte können zur gezielten Ausgrenzung führen und die sowieso schon schwierigen Kontakte zu Gleichaltrigen zusätzlich erschweren.

Lehrer/innen, Erzieher/innen und Eltern sollten diese Konflikte immer ernst nehmen und helfen, nach Lösungen zu suchen, wie z.B. feste Regeln und Absprachen, an die sich autistische Kinder meist sehr gut halten können.

Anne ist traurig, als sie das hört. Sie sagt, dass Tom das nicht mit Absicht macht und **bittet alle Kinder, immer zu ihr oder zu Marie zu kommen, wenn so etwas passiert.**

Training: Gefühle erkennen und mit verschiedenen Situationen in Verbindung bringen.

Jeden Tag liest Marie nun eine Geschichte vor. Die meisten handeln von **Gefühlen.** Mit anderen Kindern zusammen besprechen Tom und Marie, **wann man wütend sein könnte** und was jemanden traurig macht. Auch über das Fußballspiel wird oft gesprochen.

Förderung der Empathie und Erlernen äußerer Erkennungszeichen für Gefühle, Erlernen von Handlungskompetenzen (z. B. Trösten).

Dazu üben alle, wie das Gesicht dann aussieht und wie man die Situation verändern könnte. Das macht allen Kindern Spaß.

Marie nutzt den „sicheren Platz" von Tom, um ihn in die Gruppe zu integrieren.

Eines Morgens **stellt Marie auch Toms Stuhl** mit in den Morgenkreis. Sie nimmt ihn an die Hand und bringt ihn an seinen Platz.

Kinder mit einer Störung aus dem Autismus-Spektrum können in kleinen Schritten an – für sie sehr schwierige – Aufgaben und Situationen herangeführt werden.

Sie haben hierfür einen Anspruch auf Hilfen.

„Guten Morgen, liebe Kinder", sagt Anne zu allen. „Guten Morgen, Anne", sagen die Kinder im Chor. **Tom sagt nichts, aber heute bleibt er zum ersten Mal sitzen** und schaut sich mit den anderen Kindern zusammen das Bilderbuch an, das Anne vorliest.

Unterrichtsmaterial

Die Bilder/Illustrationen zu der Geschichte „Was ist mit Tom?" können Sie zur Verwendung im Unterricht als PDF zum Ausdruck auf Papier oder OVH-Folien herunterladen unter:

www.vonLoeper.de/was-ist-mit-tom

Wichtiger Hinweis:
Das bereitgestellte Download-Material ist urheberrechtlich geschützt und darf ohne ausdrückliche Genehmigung der Rechteinhaber nur nichtkommerziell zu Lehrzwecken verwendet und vervielfältigt werden.

Kontakt: Britta Seger
c/o von Loeper Literaturverlag,
Adresse siehe Impressum

3. Eine Tasche voller Therapie für Tom

Im Morgenkreis wird Tom von Sabine, der „Autismustherapeutin“, abgeholt und dann gehen sie für eine ganze Weile in einen extra Raum. Manchmal kommt Sabine auch in die Gruppe und spielt dort mit Tom.

Heute hat Sabine wieder eine große Tasche mit dabei und Lisa würde zu gerne wissen, was da drin ist.

„Anne?“, fragt Lisa in der Vorschulgruppe. „Was bedeutet Therapie? Warum ist Tom heute nicht bei uns, er ist doch auch ein Vorschulkind?“

„Tom ist auch ein Vorschulkind, das stimmt“, sagt Anne. „Und er wird auch im Sommer in die Schule kommen. Aber Tom braucht eine besondere Begleitung beim Lernen und deswegen hat Sabine ihn abgeholt. Wir sagen dann immer, Tom hat Therapie.“

„Es gibt sehr viele verschiedene Arten von Therapie“, erklärt Anne. „Therapie bedeutet, dass man behandelt wird. Das kennt ihr, wenn ihr zum Beispiel Fieber habt und eure Mama mit euch zum Arzt geht. Ihr werdet dann untersucht und bekommt eine Behandlung.

Fiebersaft ist so eine Behandlung und weil es eine Medizin ist, heißt das dann „medizinische Therapie“. Das Wort benutzen die meisten Menschen aber gar nicht, sie sagen oft nur: „Du brauchst eine Medizin.“

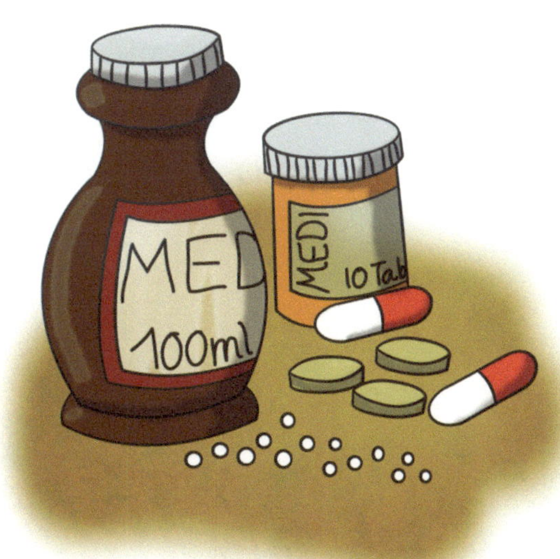

Manchmal haben Menschen auch Probleme, für die es keine Medizin gibt, aber eine andere Art der Behandlung. Ein Training zum Beispiel, das kann auch eine Therapie sein.

„Ich hatte mal Krankengymnastik", ruft Finn. „Als ich mein Bein gebrochen hatte und der Gips abkam, ich musste immer Übungen machen, damit ich wieder richtig laufen konnte."

„Das heißt Physiotherapie", weiß Philip. Und dann zeigt Finn allen, wie er lernen musste, den Fuß richtig abzurollen. Alle Kinder dürfen das mal nachmachen.

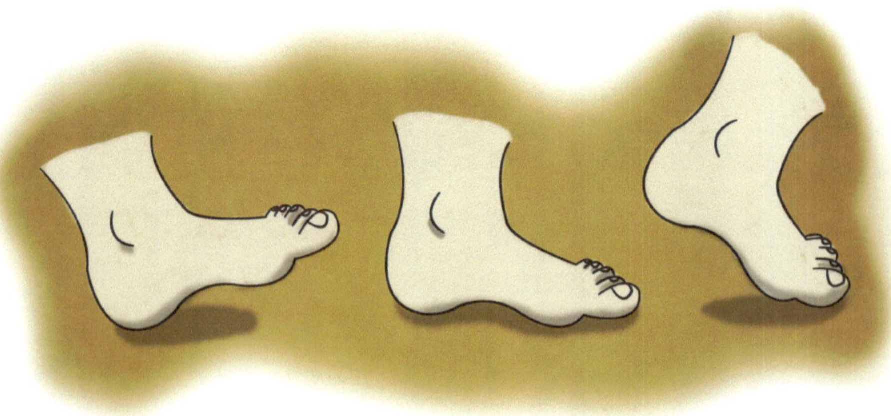

Nele erzählt, dass sie in der Logopädie verschiedene Spiele und Übungen machen muss, damit sie lernt, alle Wörter deutlich auszusprechen. Am allermeisten muss Nele das Pusten üben. Dazu fällt ihr ein tolles Spiel ein, das sie immer machen durfte: Nele holt einen Wattebausch und die ganze Gruppe darf Tischfußball spielen, indem jeder den Wattebausch wegpusten muss. Da, wo er vom Tisch fällt, zählt das Tor und natürlich dürfen die Hände nicht benutzt werden.

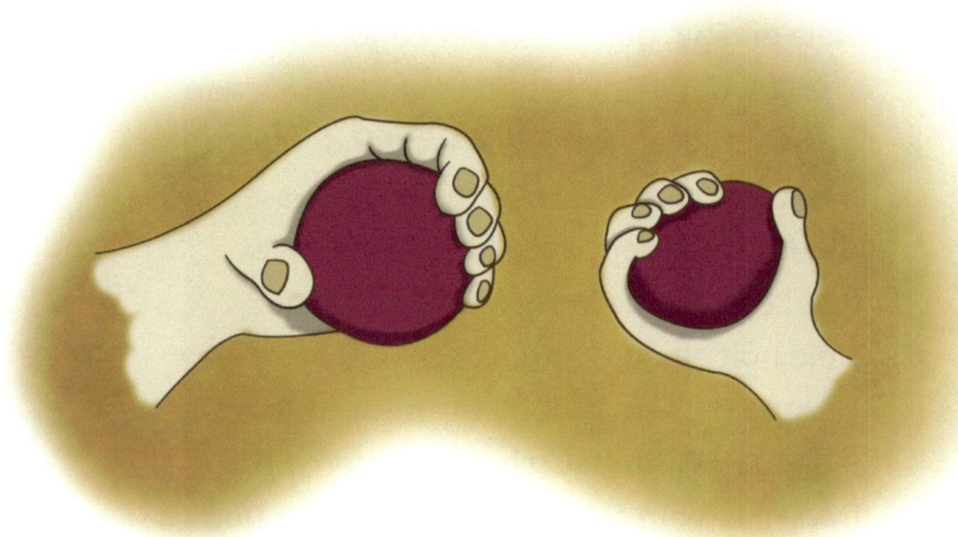

Frederik soll bald Ergotherapie bekommen, weil er den Stift immer zu dolle festhält. In der Ergotherapie soll er lernen, den Stift mit weniger Kraft festzuhalten, sonst hat er in der Schule nachher Probleme, richtig schreiben zu lernen. Anne holt einen kleinen Gummiball und die Kinder dürfen ausprobieren, den Ball mit viel, wenig und ganz viel Kraft zu drücken.

Dann erklärt sie, dass es auch spezielle Therapien für Erwachsene gibt. Da wird dann nur gesprochen und der Therapeut hilft, eine Möglichkeit zu finden, schwierige Probleme zu lösen. Diese Therapie heißt dann zum Beispiel „Psychotherapie".

„Oder Paartherapie", ruft Jannik. „Da waren meine Eltern mal, weil sie sich so viel gestritten hatten und Mama immer weinen musste." Und leise fügt Jannik noch hinzu: „Zum Glück hat das geholfen."

Alle überlegen eine Weile und dann sagt Paul: „Ich hab mal gehört wie Papa zu Mama gesagt hat, ich müsste mal Verhaltenstherapie haben." Anne muss ein bisschen lachen und dann erklärt sie Paul, dass mit „Verhalten" das Benehmen gemeint ist. Kinder müssen eine Verhaltenstherapie machen, wenn sie zum Beispiel immer andere hauen und nicht auf die Erwachsenen hören. Anne fügt hinzu, dass Pauls Eltern bestimmt nur einen Scherz gemacht haben, denn Paul benimmt sich immer gut.

„Das, was Tom bekommt, heißt Autismustherapie", erklärt Anne, „weil Tom ja Autismus hat."

Lisa erinnert sich, dass Anne schon mal erklärt hatte, was das ist. Das war etwas schwierig zu verstehen und Lisa hatte sich eigentlich nur gemerkt, dass Tom eben anders war.

„Das bedeutet", erklärte Anne weiter, „dass Sabine Tom auf ganz unterschiedliche Art und Weise hilft. Sie hat z. B. schon oft mit Marie gesprochen, wenn es im Kindergarten Probleme gab. Und manchmal ist sie bei ihm zu Hause und spricht mit seinen Eltern.

„Sie hat die Eltern beraten, wie Tom lernen kann beim Essen am Tisch sitzen zu bleiben. Dazu hat er einen eigenen Platz bekommen, wie auch schon im Kindergarten."

„Sie telefoniert mit Ämtern und hilft den Eltern, wichtige Anträge für Tom zu stellen, damit er Hilfen bekommt, wie zum Beispiel, dass Marie, die Integrationshelferin (Schulbegleiterin), immer für ihn da ist."

Als Sabine Tom wieder in die Gruppe bringt, bittet Anne sie, einmal zu zeigen, was Tom heute in der Autismustherapie gelernt hat. Das macht Sabine gerne und so holt sie verschiedene Kästchen aus ihrer Tasche. Darin sind Knöpfe, Wäscheklammern, Büroklammern und andere kleine Dinge. Sabine legt ein Muster vor: Knopf, Büroklammer, Knopf, Büroklammer.

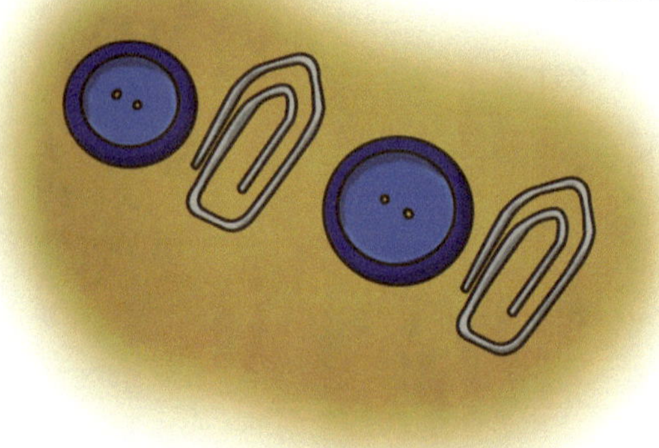

Lisa weiß sofort, was die Aufgabe ist.

„Man muss das so weitermachen“, ruft sie und beginnt auch schon, das Muster nachzulegen. Alles ist richtig.

Dann legt Sabine noch ein neues Muster und sie bittet Tom, es fertig zu machen. Alle Kinder schauen zu, wie Tom das Muster schnell und richtig nachlegt.

Zum Abschluss singt Sabine mit allen Kindern noch ein Abschiedslied, in dem jedes Kind beim Namen genannt wird und an einer bestimmten Stelle „Auf Wiedersehen“ sagen muss. Auch Tom sagt: „Auf Wiedersehen“, als er an der Reihe ist.

„Auch Musiktherapie kann Tom helfen, in einer Gruppe mitzumachen", erklärt Sabine. „Musiktherapie?", fragt Lisa. Das hatte sie ja noch nie gehört.

Sabine summt einen tiefen Ton und jedes Kind darf kurz seine Hand auf ihren Brustkorb legen. „Ich kann den Ton fühlen!", ruft Lisa überrascht und probiert gleich an sich selber aus, wo überall der Klang zu spüren ist.

Sabine erklärt, wie wichtig es ist, seinen eigenen Körper fühlen zu können und dass es in der Musiktherapie tolle Übungen dazu gibt.

„Aha", sagt Lisa. „Die Tasche ist also voll mit Therapie für Tom."

4. Autismus. Was wissen Sie darüber?

Allgemeine Zuordnung

Der Autismus wird in der aktuellen Version der internationalen Klassifikation der Krankheiten (Dilling et al., 2005, S. 281) den tiefgreifenden Entwicklungsstörungen zugeordnet. Hiermit wird zum Ausdruck gebracht, dass eine in diesem Bereich vorliegende Störung den Betroffenen sehr umfassend beeinträchtigen und ihm daraus eine Benachteiligung entstehen kann. Aus dieser Benachteiligung heraus ergibt sich das Recht auf einen Nachteilsausgleich, der jedem Menschen mit einer Autismus-Spektrum-Störung zusteht.

In der allgemeinen diagnostischen Zuordnung wird Autismus zunächst erstmal als „Frühkindlicher Autismus" (oder Kannersyndrom) beschrieben.

Das Aspergersyndrom und der atypische Autismus unterscheiden sich vom frühkindlichen Autismus vor allem darin, dass nicht alle Aspekte des frühkindlichen Autismus vorhanden sind, bzw. Abweichungen vorliegen. Was damit gemeint ist, wird in der ICD 10 (Dilling et al., 2005, S. 288) für das Aspergersyndrom folgendermaßen dargestellt:

Kriterien für Frühkindlichen Autismus (Kanner-Syndrom), F84.0

„Eine tiefgreifende Entwicklungsstörung, die durch eine abnorme oder beeinträchtigte Entwicklung definiert ist und sich vor dem 3. Lebensjahr manifestiert; außerdem ist sie durch eine gestörte Funktionsfähigkeit in den drei folgenden Bereichen charakterisiert:

In der sozialen Interaktion, der Kommunikation und eingeschränktem repetitivem Verhalten." (Dilling et al., 2005, S. 282)

Weiter heißt es:

„Bei einem Autismus kann jedes Intelligenzniveau vorkommen, jedoch besteht in etwa drei Viertel der Fälle eine deutliche Intelligenzminderung." (Dilling et al., 2005, S. 283)

Aus den Kriterien für Asperger-Autismus

„Bei der Stellung der Diagnose kombinieren sich die qualitative Beeinträchtigung in den sozialen Interaktionen sowie eingeschränkten, sich wiederholenden, stereotypen Verhaltensmuster, Interessen und Aktivitäten (wie beim Autismus), jedoch ohne eine eindeutige sprachliche oder kognitive Entwicklungsverzögerung." (Dilling et al., 2005, S. 288)

Über die Bedeutung und Folgen der gestörten Funktionsfähigkeit im Alltag

Was versteht man nun unter einer gestörten Funktionsfähigkeit und welche Folgen hat sie für den Betroffenen?

Mit genau dieser Frage setzt sich die Internationale Klassifikation der Funktionen (ICF, WHO) auseinander. Sie dient als ergänzende Klassifikation zur ICD 10 und hat in den letzten Jahren sehr an Bedeutung zugenommen, weil sie nicht allein eine Krankheit zuordnet, sondern sich mit den Folgen in Bezug auf die Partizipation [Teilhabe] beschäftigt. Mit Partizipation ist das Maß der Integration in die Gesellschaft gemeint sowie das Wahrnehmen von Lern- und Entwicklungschancen, die für die persönliche Entwicklung und damit auch für ein selbst bestimmtes Leben nötig sind.

Der Begriff „Funktionsfähigkeit" wird folgendermaßen definiert (DIMI, S. 9):

> *„Funktionsfähigkeit ist ein Oberbegriff, der alle Körperfunktionen und Aktivitäten sowie Partizipation [Teilhabe] umfasst; entsprechend dient Behinderung als Oberbegriff für Schädigung, Beeinträchtigung der Aktivität und Beeinträchtigung der Partizipation [Teilhabe]."*

Die Funktionsfähigkeit wird also zunächst als funktionierendes Geschehen im Bereich Körper, Aktivität und Partizipation gesehen. Eine Schädigung oder Beeinträchtigung, die dazu führt, die drei Bereiche nicht mehr uneingeschränkt zur Verfügung zu haben, wird als „Behinderung" definiert.

Im Zusammenhang mit dem Asperger-Autismus betrifft dies nun weniger eine körperliche Beeinträchtigung oder Schädigung, sondern hier richtet sich das Augenmerk auf den Bereich der Partizipation und der Aktivität. Die Schwierigkeit besteht darin, dass ein Mensch mit Aspergersyndrom soziale Normen und Regeln nicht selbstverständlich aus Situationen ableiten kann und dadurch schwer in Gruppen integrierbar wird. Um dies zu verstehen, muss man wissen, wie die drei Hauptmerkmale des Asperger-Autismus, nämlich die Störungen in der sozialen Interaktion, der Kommunikation und ein eingeschränktes repetitives Verhalten zusammenwirken.

Was genau bedeutet eine Störung der sozialen Interaktion?

Der Bereich der sozialen Interaktion umfasst nach der Definition des klinischen Wörterbuches (Pschyrembel, 2005, S. 874)

> *„... die aufeinander bezogenen Handlungen u. deren wechselseitige Beeinflussung von Mitgliedern einer Gruppe oder von Gruppen untereinander ..."*

Weiter heißt es:

> *„... wichtigstes Instrument der sozialen Interaktion ist die Kommunikation."*

Eine gelungene Interaktion findet also statt, wenn die Beteiligten in der Lage sind, „aufeinander bezogene" Handlungen durchzuführen und sich „wechselseitig zu beeinflussen". Eine notwendige Grundfähigkeit hierzu ist das Vermögen sich aufeinander abzustimmen sowie sich selbst und den anderen auf verschiedenen Ebenen wahrzunehmen. Hier haben autistische Menschen eine Beeinträchtigung, denn ein wichtiger Teil dieser Wahrnehmung im Bereich der Kommunikation [1] ist bei ihnen gestört.

Die genervte Frage: „Hast du eine Uhr?“, führt dementsprechend zu einer Ja/Nein-Antwort. Die Idee, dass jemand damit ein Zuspätkommen kritisiert, kann ein Autist nicht unbedingt herleiten. Der „Unterton“ wird nicht als Informationsquelle genutzt.

Wie sieht das nun aus?

Im sprachlichen wie auch im nichtsprachlichen Bereich kann bei autistischen Menschen beobachtet werden, dass auch bei vorhandener Sprachfähigkeit die Sprache zwar den Sachinhalt enthält, sie jedoch einen Mangel an sozialer Mitteilung aufweist. Dies zeigt sich beispielsweise in einem monotonen Ausdrucksverhalten oder auffallendem, fehlendem emotionalen Bezug. Die Schwierigkeit hierbei ist nun auch, die daraus entstehende Wechselseitigkeit zu verstehen, denn wir sind nicht gewohnt, mit „fehlendem emotionalen Bezug“ umzugehen.

Die Folge können Fehlinterpretationen im Bereich der Beziehung sein, wie zum Beispiel die Idee, dem Anderen sei es egal, wie es uns gehe. Jemand, der beim Sprechen keinen Blickkontakt aufnimmt, eine gereichte Hand zur Begrüßung nicht annimmt oder den persönlichen Bereich des Gegenübers nicht zu respektieren scheint, wirkt auf uns irritierend. Konflikte können daraus entstehen, wenn soziale Normen nicht

---

[1] Die Kommunikation wird verstanden als: „Prozess der Informationsübertragung zwischen Individuen mittels verbaler und nichtverbaler Ausdruckmittel (Gestik u. Mimik), wobei neben der Sachinformation i. e. S. auch Beziehungen definiert u. soziale Mitteilungen ausgetauscht werden (Metakommunikation).“ (Pschyrembel, 2005, S. 961)

„wie selbstverständlich" eingehalten werden. Autistische Menschen müssen dieses „selbstverständliche Verhalten" gezielt erlernen und haben Schwierigkeiten, es in verschiedenen Situationen richtig anzupassen.

Vor allem ergeben sich daraus auch Schwierigkeiten in der allgemeinen Problemlösung von sozialen Konflikten. Das Gerechtigkeitsempfinden beispielsweise basiert auch auf einem emotionalen Erleben, das für ein autistisches Kind vielleicht gar nicht nachvollziehbar oder wahrnehmbar ist.

Zusammenfassende Beschreibung der Beeinträchtigung

Wenn man bedenkt, dass dieser Teil der Kommunikation sehr unterschwellig stattfindet und nicht unbedingt greifbar ist, scheint es sehr nachvollziehbar, dass sich daraus eine sehr starke Beeinträchtigung im Bereich der Partizipation ergibt.

Die Beeinträchtigung betrifft alle Arten von Interaktion, einschließlich derer, die für ein störungsfreies Lernverhalten und für das Spielvermögen wichtig sind. Lernchancen im Bereich des sozialen Miteinanders (Mannschaftsspiele, Rollenspiele), des Problemlösungsverhaltens (z. B. Rollenspiele, freies Spiel) sowie zum Erwerb von schulischem oder auch berufsbezogenem Wissen und Fertigkeiten sind gefährdet.

Die Gruppe der Gleichaltrigen, die besonders im Jugendalter als bedeutungsvoll für die Entwicklung der Persönlichkeit gesehen wird, steht einem autistischen Kind aufgrund seiner Beeinträchtigung nicht automatisch zur Verfügung. Selbst wenn es in der Regelschule beschult wird und Teil der Klasse ist, kann eine Isolation durch Ausgrenzung, Absonderung und Rückzug oder durch das Fehlen des Aufeinanderzugehens entstehen.

Weil eine Störung aus dem Autismus-Spektrum so schwerwiegende Folgen für die Entwicklung und das weitere Leben haben kann, sollten Sie sich bei Verdacht oder schon erfolgter Diagnose über mögliche Hilfsmaßnahmen wie beispielsweise auch den Einsatz von „Unterstützter Kommunikation", Therapie oder anderen sozialen Maßnahmen beraten lassen.

Wo bekommt man mehr Informationen und /oder eine gute Beratung?

Bei Verdacht auf eine autistische Störung ist es zunächst einmal wichtig, sich gut beraten zu lassen und eine Diagnostik einzuleiten (ärztliches Gutachten). Da Autismus eine sehr individuelle Problematik mit sich bringen kann, ist es empfehlenswert, sich fachkompetent beraten zu lassen.

Der Bundesverband autismus Deutschland leistet Aufklärung und Information zum Thema Autismus. Er hat 57 Regionalverbände, die vor Ort Autismus-Therapie-Zentren und andere Einrichtungen betreiben. Er benennt Beratungs- und Anlaufstellen.

Kontakt

Autismus Deutschland e.V.
Bundesverband zur Förderung von Menschen mit Autismus

Bebelallee 141
22297 Hamburg

Telefon: 040 511 5604
Fax: 040 511 0813

E-Mail: info@autismus.de
Internet: www.autismus.de

Literatur

Dilling et. al.: Internationale Klassifikation psychischer Störungen, ICD-10 Kapitel V (F) klinisch-diagnostische Leitlinien, Verlag Hans Huber, Hogrefe AG, Bern 2005

Pschyrembel, W. (Hrsg): Klinisches Wörterbuch, de Gruyter, Berlin 2004

Deutsches Institut für medizinische Dokumentation und Information (DIMDI): Internationale Klassifikation der Funktionsfähigkeit, Behinderung und Gesundheit (ICF), Internet: www.dimdi.de/dynamic/de/klassi/downloadcenter/icf/endfassung/ (Stand vom 6.11.2010)

AWMF-Leitlinien, Internet: www.awmf.org/uploads/tx_szleitlinien/028-018_S1_Tief_greifende_Entwicklungsstoerungen__F84__11-2006_11-2011.pdf (Stand vom 8.1.2011)

5. Nachwort

Die Idee, dieses Buch zu schreiben, entstand aus meiner Arbeit als Musiktherapeutin an einer privaten Förderschule mit den Schwerpunkten emotionale und soziale Entwicklung sowie geistige Behinderung. Ich begann hier, aufgrund der vorhandenen Situation, mich sehr intensiv mit den Themen Autismus, Behinderung, Benachteiligung, Fördermaßnahmen und therapeutische Ansätze zu beschäftigen.

Zunächst stellte ich fest, dass ich trotz guter Ausbildung viel weniger über Autismus wusste, als ich dachte und es auch seine Zeit dauerte, wirklich zu verstehen, worin genau die Beeinträchtigung besteht.

Als Musiktherapeutin nutze ich die Musik auch als Erlebnisfaktor für körperbezogene Erfahrungen (Klangmassagen, Bodypercussion) und als Übungsfeld für das Erarbeiten von Kommunikationsstrukturen – inbegriffen der nonverbalen Kommunikation und sozialen Interaktion. Im therapeutischen Bereich bietet die Musik eine alternative Möglichkeit der Kommunikation, Kontaktanbahnung und Beziehungsgestaltung. Mein Auftrag war dementsprechend, die Ressourcen der Schüler aufzuspüren und sie für eine Verbesserung des allgemeinen Funktionierens nutzbar zu machen.

Beim Aspergersyndrom hatte ich immer den Eindruck, es schien sich um ein „unsichtbares Phänomen“ zu handeln, das bei Mitmenschen zu skurrilsten Reaktionen führte. Es vermochte sich zudem immer wieder, wie ein Teufelskreis, selbst zu nähren, da oft nicht deutlich wurde, was eigentlich die Irritation hervorrief. Hilflosigkeit war deutlich spürbar bei allen Beteiligten. Auch die Tatsache, dass viele Konflikte nicht zu einer für alle befriedigenden Lösung kamen, brachte großen Leidensdruck mit sich. Nun ist die Förderschule ein Ort, der Schülern mit einer Autismus-Spektrum-Störung einen großen Schutzraum bieten kann, aber es gibt auch betroffene Kinder/Schüler, die keine spezielle Einrichtung besuchen. Die Frage, wie betroffene Menschen in einer nicht darauf eingerichteten Umwelt zurecht kommen (oder zurecht gekommen waren), verstärkte in mir das Bedürfnis aktiv an der Aufklärung und Thematisierung von Autismus mitzuarbeiten. Dieses Buch richtet sich aus diesem Grund auch vor allem an Eltern und professionelle Helfer wie Lehrer/innen und Erzieher/innen, die ihren Weg im täglichen Umgang mit autistischen Kindern finden müssen.

Im Hinblick auf die aktuelle Schulentwicklungsdiskussion (Inklusion) ist mein Anliegen, dass für Menschen mit einer Autismus-Spektrum-Störung gezielte Forderungen eingebracht werden. Dies ist nur dann möglich, wenn wir uns für die Problematik interessieren und ein tieferes Verständnis dafür entwickeln, welche Bedürfnisse Kinder/Schüler mit einer Störung aus dem Autismus-Spektrum haben. Die Schulentwicklung beinhaltet eine weitreichende gesellschaftliche Veränderung, an der wir nicht nur teilhaben, sondern die wir auch aktiv mitbestimmen können. Nutzen wir die Chance.

Britta Seger,
Bachelor of Arts Therapies (NL)

„Der beste Weg,
die Zukunft vorauszusagen,
ist, sie zu gestalten."

Willy Brandt (1913-92)
dt. Politiker (SPD)
1969-74 Bundeskanzler
1971 Friedensnobelpreis

Außerdem von Britta Seger im von Loeper Literaturverlag erschienen

Britta Seger

Paul mittendrin und doch allein?

Autismus-Spektrum-Störung (Aspergersyndrom) im Leben von Jugendlichen und jungen Erwachsenen

In diesem Buch gewährt Paul anschaulich durch viele Beispiele und Interviews einen personifizierten Einblick in die spezielle Denkweise der Autismus-Spektrum-Störung und das Zusammenspiel mit der Umwelt.
Dabei werden unter anderem Themen wie die Besonderheiten der Wahrnehmung, das Erleben in der Altersgruppe und der Umgang mit den vielfältigen Anforderungen in der Schule besprochen. In dem bunt illustrierten Buch wird ein erster Einblick in diese facettenreiche Störung gegeben und gezeigt, wie ein Miteinanderauskommen besser gestaltet werden kann.
64 Seiten, kartoniert, mit zahlreichen farbigen Abbildungen,
ISBN 978-3-86059-275-5

Britta Seger

Emil ständig unter Strom

Betrachtung der Autismus-Spektrum-Störung im Spannungsfeld der zwischenmenschlichen Interaktion

In diesem Buch gewährt Emil einen ganz persönlichen Einblick in eine spezielle Denkweise und thematisiert das Zusammenspiel von ihm mit seiner Umwelt. Die Musiktherapeutin Britta Seger bietet eine Vertiefung in die theoretischen Hintergründe der Autismus-Spektrum-Störung. Es werden vor allem die speziellen Kernsymptome von Autismus genau untersucht und erklärt. Hierzu gehören Störungen in der Kommunikation und der sozialen Interaktion, die in diesem Buch von verschiedenen Seiten betrachtet werden. Da es sich dabei um Ebenen des zwischenmenschlichen Kontaktes handelt, die normalerweise im Bewusstsein nicht sehr präsent sind, sind diese Bereiche für nicht betroffene Menschen besonders schwer zu verstehen und nachzuvollziehen.
Mit diesem Buch wird ein tiefergehendes Verständnis für die Autismus-Spektrum-Störung ermöglicht.
80 Seiten, kartoniert, mit zahlreichen farbigen Abbildungen,
ISBN 978-3-86059-276-2

VON LOEPER LITERATURVERLAG
D-76185 Karlsruhe, Daimlerstr. 23, Tel.: (0721) 4647290,
Fax: (0721) 464729099, E-Mail: Bestellservice@vonLoeper.de
www.vonLoeper.de/Autismus